Ingo Siegner

erforscht die Indianer

Ingo Siegner

Alles klar!

Der kleine Drache
Kokosnuss

erforscht die Indianer

cbj

Inhalt

Ein Brief für Kokosnuss

Post für den kleinen Drachen Kokosnuss!", ruft der Postbote der Dracheninsel und wedelt mit einem Umschlag in der Luft herum.

Kokosnuss spielt gerade mit seinen Freunden Oskar und Matilda. „Ein Brief für mich?", ruft der kleine Feuerdrache aufgeregt. Umständlich händigt ihm der Postbote den Brief aus. Kokosnuss kann es kaum erwarten, ihn zu öffnen.

„Von wem ist er denn?", fragt Matilda. Auch Oskar schaut Kokosnuss neugierig über die Schulter. *Ritsch,* reißt Kokosnuss den Umschlag auf, entfaltet den Zettel und liest. Dann sagt er verwundert: „Der ist von unserer Freundin, dem Indianermädchen Wilde Hummel. Hört mal, was sie schreibt:

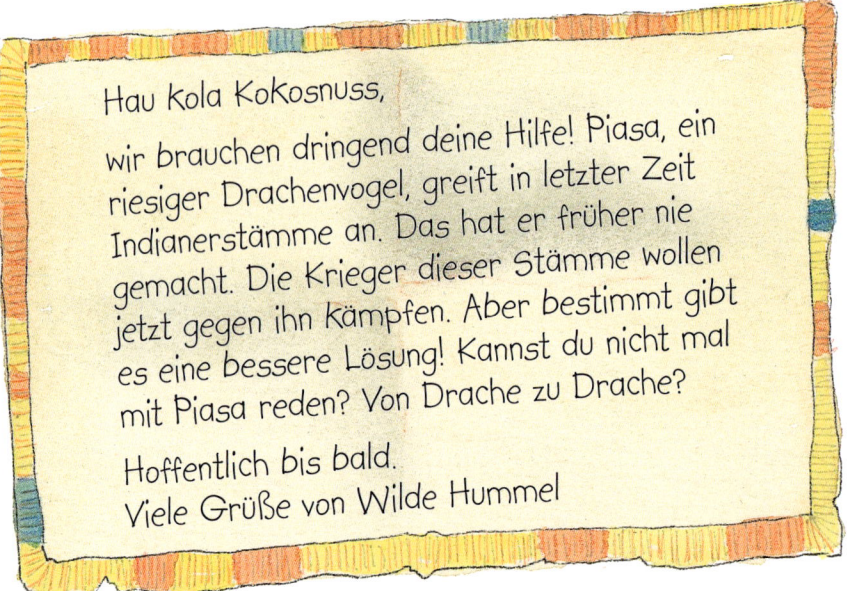

Hau kola Kokosnuss,

wir brauchen dringend deine Hilfe! Piasa, ein riesiger Drachenvogel, greift in letzter Zeit Indianerstämme an. Das hat er früher nie gemacht. Die Krieger dieser Stämme wollen jetzt gegen ihn kämpfen. Aber bestimmt gibt es eine bessere Lösung! Kannst du nicht mal mit Piasa reden? Von Drache zu Drache?

Hoffentlich bis bald.
Viele Grüße von Wilde Hummel

„Ein riesiger Drachenvogel?", fragt Matilda. „Das klingt gefähr-
lich."

„Von diesem Piasa habe ich noch nie gehört", sagt Oskar. „Ich
kann mir gar nicht vorstellen, dass der größer und gefährlicher
sein kann als ein Fressdrache."

Kokosnuss seufzt. „Keine Ahnung, was ich dem erzählen soll,
aber wir müssen Wilde Hummel helfen."

„Wir kommen mit", sagt Oskar.

Matilda nickt. „Bestimmt weiß Dr. Blumenkohl einiges, was uns
für unsere Reise nützlich sein kann."

Schnell laufen die Freunde zu ihrem Lehrer Dr. Blumenkohl in
die Drachenschule.

Was wissen wir über Indianer?

Als wir Wilde Hummel vom Stamm der Sioux[1] besucht haben, hat sie uns schon viel über Indianer erzählt", sagt Kokosnuss.

„Genau!", ruft Oskar. „Indianer leben in Tipis und jagen Bisons."

„Sie haben Federn im Haar und binden ihre Feinde an den Marterpfahl", sagt Matilda.

„Um Probleme zu besprechen, halten sie Versammlungen ab. Und am Satzende sagen sie immer *howgh,* was wie *hau* ausgesprochen wird", sagt Kokosnuss.

„Verstehe, ihr braucht noch ein paar Informationen", sagt Dr. Blumenkohl und schüttelt den Kopf. „Denn eure sind leider nicht ganz richtig."

„Was? Wieso nicht?", fragen Kokosnuss, Matilda und Oskar durcheinander.

„Vieles, was wir meinen, über Indianer zu wissen, ist durch Filme und Bücher geprägt", erklärt Dr. Blumenkohl. „Zum Beispiel von Karl May, der die berühmten *Winnetou*-Romane geschrieben hat. Aber als er seine Bücher schrieb, war er noch keinem echten Indianer begegnet."

„Au Backe!", ruft Kokosnuss. „Aber was stimmt denn dann?"

„Nicht alle Indianer trugen Federn im Haar", erklärt Dr. Blumenkohl. „Und nur wenige Stämme quälten ihre Feinde an Marter-

---

[1] Das wird „Su" oder „Sju" ausgesprochen.

pfählen. Die darf man auch nicht mit den geschnitzten, bunt angemalten Totempfählen verwechseln. Die haben nichts miteinander zu tun! Auch nicht alle Indianer haben *howgh* gesagt – es gab Hunderte verschiedene Indianersprachen! In einigen wurde *howgh* benutzt, aber nicht im Sinne von ‚Ich habe gesprochen'. *Hau kola* ist Lakota und bedeutet ‚Hallo, Freund!'"

„Oh Mann!", sagt Kokosnuss. „Was ist mit den Tipis und den Bisons? Die haben wir doch bei Wilde Hummel gesehen."

Indianer ist nicht gleich Indianer!

Wilde Hummel und ihr Stamm leben in den Great Plains[2], in der Prärie von Nordamerika", erklärt Dr. Blumenkohl. „Die erstreckt sich über das westliche Landesinnere der heutigen USA. In der Prärie gab es nicht nur die Sioux, sondern viele andere Stämme. Auch die Küsten im Westen und im Osten waren von Indianerstämmen besiedelt. Im Süden, in der Wüste und sogar im hohen Norden, in Schnee und Eis, lebten und leben Ureinwohner. Weil jede dieser Regionen so unterschiedlich ist, hatten die Indianerstämme unterschiedliche Lebensweisen: Wie sie sich ernährten, sich kleideten, wie

sie wohnten – das hing von ihrer Umgebung ab."

„Und weil die Prärieindianer den Bisons hinterherzogen, hatten sie Tipis, die sie überallhin mitnehmen konnten", sagt Kokosnuss. „Aber heißt das, dass andere Stämme Häuser hatten?"

„Ja", antwortet Dr. Blumenkohl. „Auch einige Stämme der Prärieindianer verbrachten die Winter in festen Hütten. Die Indianerstämme in den Wäldern im Nordosten der heutigen USA bauten große Langhäuser, in denen viele Familien gemeinsam wohnen konnten."

„Ah ja, weil es im Wald genug Holz zum Häuserbauen gab!", sagt Oskar.

„Und mit einem Wald vor der Haustür gibt es ganz andere

[2] Great Plains heißt „große Ebene" und wird „gräit plains" ausgesprochen.

Nahrungsmittel als in der Wüste", sagt Matilda. „Viele Stämme betrieben Landwirtschaft", erklärt Dr. Blumenkohl. „Insbesondere wurden Mais, Bohnen und Kürbisse angebaut. Diese Feldfrüchte werden die ‚drei Schwestern' genannt. Bevor die Europäer nach Amerika kamen, siedelten die Indianer also überall! Die Indianernationen in den unterschiedlichen Landschaften werden heute von Wissenschaftlern in **Kulturregionen** eingeteilt." Er zeigt auf die Karte von Nordamerika. „Denn in den verschiedenen **Regionen** haben die Stämme unterschiedliche **Kulturformen** entwickelt." „Dann wird es Zeit, dass wir sie kennenlernen!", findet Kokosnuss. „Kommt, wir fragen Eugen, ob er uns auf seinem Rücken noch einmal nach Amerika fliegt."[3]

[3] In „Der kleine Drache Kokosnuss bei den Indianern" waren die Freunde schon einmal mit Eugen in Amerika.

Norden

Diese Landkarte zeigt Nordamerika mit den zehn indianischen Kulturregionen. Die Einteilung haben moderne Wissenschaftler erst später vorgenommen. Die Ureinwohner Nordamerikas haben Jahrtausende lang in der Natur gelebt und ihre Lebensweise und ihre Bräuche der Region angepasst, in der sie lebten.

Großes Becken

Great Plain

Nordwestküste

Plateau

Kalifornien

Südoste

Subarktis

Nordosten

Südwesten

Auch „Indianer" ist ein Begriff, mit dem erst die Europäer die Ureinwohner Amerikas bezeichneten. Sie selbst kannten keinen Begriff, um sich von anderen abzugrenzen. Sie nannten sich selbst oft „Menschen".

Mit Eugen nach Nordamerika

Natürlich trägt der Flugdrache Eugen die drei Freunde wieder auf seinem Rücken über Länder und Meere. Sobald Kokosnuss, Oskar und Matilda ihre Siebensachen gepackt haben, geht es los. „Du, Eugen, weißt du eigentlich, wie die Indianer nach Amerika gekommen sind?", fragt Kokosnuss während der Reise. „Sind sie auch auf einem Drachen geflogen?"

„Nein, sicherlich nicht", antwortet Eugen schmunzelnd. „Die erste Besiedlung von Amerika ist schon sehr lang her: vermutlich 13 000 Jahre – vielleicht noch länger. Also in der Zeit, als die Menschen in Europa in Höhlen lebten."

„In der Steinzeit?", fragt Kokosnuss. „Das ist ja unglaublich lang her!"

„Die Menschen, die Amerika besiedelten, kamen aus Asien", erklärt Eugen. „Damals gab es dort, wo jetzt die Beringstraße[4] ist, eine breite Landbrücke. Denn während der Eiszeit, die vor etwa 10 000 Jahren endete, war so viel Wasser zu Eis gefroren, dass der Meeresspiegel niedriger war als heute. Deswegen befand sich dort damals Land, wo heute Wasser ist. Über diese Landbrücke wanderten die Menschen zu Fuß von einem Kontinent zum anderen. Das passierte zufällig, weil die Jäger und ihre Familien den Rentieren und Mammuts folgten, die sie jagten. Vom Nordwesten Amerikas aus wurde im Laufe der Jahrtausende ganz Nord- und Südamerika besiedelt."

„Wow, dann haben ja die Indianer Amerika entdeckt! Und sie haben den Kontinent als Erste besiedelt", staunt Oskar.

„Und sie sind Tausende von Kilometern zu Fuß gelaufen", stellt Matilda fest.

„Mannomann! Da reisen wir viel bequemer", sagt Kokosnuss.

„Und schneller", sagt Eugen. „Da unten sind schon die Great Plains."

„Guckt mal!", ruft Matilda und winkt aufgeregt. „Da steht Wilde Hummel!"

---

[4] Die Beringstraße ist eine Meerenge im Norden zwischen Asien (Russland) und Amerika (Alaska).

Die Indianer der Prärie:
Ankunft bei den Sioux

Als Eugen landet, klettern Kokosnuss, Oskar und Matilda von seinem Rücken. Wilde Hummel rennt aufgeregt auf sie zu. *„Hau kola!"*, ruft sie. „Wilde Hummel vom Stamm der Sioux grüßt euch. Gut, dass ihr mich gleich gefunden habt. Immerhin sind die Great Plains fast zwei Millionen Quadratkilometer groß!"

„Ich bin meiner Nase nach geflogen", sagt Eugen. „Hab wohl euer vegetarisches Büffelgulasch[5] gerochen! Das hat mir beim letzten Besuch so gut geschmeckt!"

„Hau kola, Wilde Hummel!",
sagt Matilda. „Wir helfen euch gern mit dem Drachenvogel Piasa. Aber wir möchten auch mehr über Indianer lernen. Zeigst du uns, wie ihr lebt?"

[5] Was es damit auf sich hat, erfährst du in der Geschichte „Der kleine Drache Kokosnuss bei den Indianern".

Das macht Wilde Hummel gern und erzählt. „Wir leben mitten in der Natur und von dem, was uns Mutter Erde schenkt. Aber wir nehmen nie, ohne vorher zu fragen und uns hinterher bei ihr zu bedanken. Wir ernten Nüsse und Beeren, aber vor allem jagen wir Bisons. Von ihnen bekommen wir, was wir brauchen: Fleisch zum Essen, warme Felle und weiches Leder für Kleidung, unsere Tipis und sogar Spielzeug für uns Kinder und Windeln für die Babys. Schaut mal, die Frauen dort gerben gerade Bisonhaut. Sie sind so geschickt darin, dass das Leder immer weich bleibt – sogar, wenn es schon einmal nass geworden ist und wieder trocknet!"

„Das ist aber praktisch!", findet Matilda.

„Vor allem für die Baby-Windeln!", flüstert Oskar. „Aber stinken tun die bestimmt trotzdem! Bäääh!"

„Die **Sioux** sind eine große Nation", erklärt Wilde Hummel. „Aber Sioux ist ein Name, den uns die Europäer gegeben haben. Mein Stamm gehört zu den **Lakota**-Indianern. Im Osten der Great Plains leben die **Dakota**-Indianer. Anders als wir ziehen sie nicht das ganze Jahr mit Tipis umher. Sie haben auch Häuser und pflanzen Mais und Kürbisse an.

Wenn wir von Ort zu Ort ziehen, packen wir alles auf **Travois**[6]: Ein Pferd zieht zwei lange Zeltstangen, die mit einer Art ‚Gepäcknetz' verbunden sind. Darauf befestigen wir unser Hab und Gut. Kinder, die noch nicht reiten können, werden auch auf die Stangenschleife gesetzt. Bevor die Europäer die Pferde nach Amerika gebracht haben, wurden die Travois von Hunden gezogen. Aber Pferde sind natürlich viel stärker! Sie können bis zu 100 Kilogramm ziehen. Deswegen waren die Tipis früher viel kleiner und sind jetzt fast doppelt so groß: Gut vier bis zehn Meter hoch und drei bis sieben Meter im Durchmesser – Platz für eine ganze Familie.

Die Tipis sind Eigentum der Frauen. Sie sorgen für den Auf- und Abbau. Zwei Frauen brauchen nur eine Stunde, um ein Tipi aufzubauen, und 15 Minuten für den Abbau. Oben haben die Tipis ein Loch, durch das der Rauch abziehen kann. Mit einem Feuer und einem Windschutz, der innen rundum auf 1,50 Meter Höhe aufgehängt wird, ist es im Zelt schön warm. Wenn es regnet, kann die Luke verschlossen werden.

[6] Das ist ein französisches Wort und wird „trawoa" ausgesprochen.

Mit den Pferden wurde die Bisonjagd leichter und schneller. So haben wir mehr Zeit für Feste, Tänze … und für Angriffe!"

„Au Backe! Das klingt ja nicht sehr friedlich", sagt Kokosnuss. „Wen greift ihr denn an?"

„Benachbarte Stämme", erklärt Wilde Hummel. „Ein Krieger muss möglichst viele **Coups**[7] erteilen. Als Beweis für seinen Mut und seine Tapferkeit muss er vor Zeugen einen Feind mit der Hand oder einem Stab berühren. Das klingt vielleicht einfach, aber man muss listig und geschickt sein. Wem es gelingt, der darf eine weitere Feder im Kopfschmuck tragen."

„Und als Nächstes wollen die Krieger Piasa angreifen", sagt Matilda.

„Ja", antwortet Wilde Hummel. „Und ihr müsst mir helfen, das zu verhindern."

[7] Das ist ebenfalls ein französisches Wort und wird „ku" ausgesprochen.

Das Problem mit Piasa

Äh, Wilde Hummel", sagt Kokosnuss. „Ich glaube, du musst uns erst mal genau erklären, wer dieser Piasa ist. Von dem haben wir nämlich noch nie gehört."

Wilde Hummel nickt und deutet zum Lagerfeuer. „Setzt euch", sagt sie. „Ich erzähle euch die Geschichte."

Als die Freunde am warmen Feuer sitzen, beginnt Wilde Hummel zu erzählen: „Vor langer Zeit lebte der Drachenvogel Piasa versteckt in einer Höhle am Ufer des Mississippi. Er zeigte sich nicht oft, denn die Menschen erschraken jedes Mal: Piasa ist neun Meter lang und vier Meter hoch. Sein Körper ist mit Schuppen bedeckt, an seinen vier Füßen wachsen lange Krallen und seine ledernen Flügel haben eine Spannweite von über fünf Metern."

„Ui, der ist ja wirklich riesig!", raunt Oskar.

„Ja, Piasa sieht furchterregend aus", sagt Wilde Hummel. „Doch die ganze Zeit lebte er in Eintracht mit den **Illini**, den Indianern dieser Gegend. Er ernährte sich von Wild, das er in den Wäldern erlegte. Dann aber geschah etwas Schreckliches. Zwischen den Stämmen gab es einen Kampf mit vielen Toten. Piasa mischte sich nicht ein, doch als er das Fleisch der Toten roch, kam er auf den Geschmack."

„Er macht jetzt Jagd auf Menschen?", ruft Matilda entsetzt.

„Ja", sagt Wilde Hummel. „Deswegen wollen ihn die

Krieger bekämpfen. Aber Piasa ist nicht böse!"

„Wir müssen dafür sorgen, dass er eine neue Lieblings-speise findet!", sagt Kokosnuss entschlossen. „Wir reisen zu den Indianerstämmen in die verschiedenen Regionen und bringen von überallher etwas Leckeres mit."

„Oh ja, wir machen eine ‚Tour de Fress'!", jubelt Oskar. „Da bin ich dabei!"

Die Indianer des Waldlandes:
zu Besuch bei den Irokesen

Mit Kokosnuss, Oskar, Matilda und Wilde Hummel auf dem Rücken fliegt Eugen Richtung Nordosten. Die Landschaft unter ihnen wird immer grüner. Hügel und Täler sind mit dichtem Wald bewachsen. Dazwischen schlängeln sich Flüsse, die in große Seen münden.

„Diese Gegend ist schon seit etwa 11 000 Jahren besiedelt", erklärt Eugen. „Bis die Europäer ankamen, lebten hier über 50 Indianernationen!"

„Und hier irgendwo lebt Piasa!", ruft Wilde Hummel.

„Schaut mal. Dort unten ist ein Irokesendorf!"

Eugen setzt zur Landung an. Kokosnuss sieht, dass das Dorf aus mehreren langen Holzhäusern besteht, die von einem **Palisadenzaun** umgeben sind. Vor dem Eingang stehen zwei Krieger. Als sie Eugen sehen, erschrecken sie. Doch dann erkennen sie: Eugen ist nicht Piasa.

„Wir kommen in Frieden", sagt Wilde Hummel und macht mit der Hand das Zeichen für Freundschaft[8].

„Was wollt ihr?", fragt einer der Krieger.

„Wir möchten euch um eine Portion eures Lieblingsessens bitten", erklärt Kokosnuss.

„Um damit Piasa auf einen anderen Geschmack zu bringen."

„Kleiner Roter Drache ist sehr mutig", sagt der Krieger. „Kommt mit."

[8] Das ist eine ganz bestimmte Handbewegung, die auf Seite 62/63 erklärt wird.

Die Freunde laufen hinter dem Krieger durch das Dorf. Die Wege sind gerade und zwischen den Häusern spielen Kinder. Die Wände und Dächer der Häuser sind mit Ulmenrinde bedeckt. Sie haben vorn und hinten eine Tür, aber keine Fenster. Als der Irokese bemerkt, wie sich die Freunde umsehen, erklärt er: „In jedem **Langhaus** ist Platz für zehn oder mehr Familien. Immer zwei Familien teilen sich ein Kochfeuer. Kommt herein", sagt er und deutet zu einer Tür.

Im Haus ist es düster und rauchig, doch die kleinen Feuer geben etwas Licht. Entlang der Wände sind Regale befestigt. Hier lagern die Vorräte und Habseligkeiten der Familien. Die breiteren Regalbretter werden als Betten benutzt. Da hängt auch eine lustige Maske mit Wuschelmähne!

„Darf ich mir die für Fasching ausleihen?", fragt Oskar.

Der Indianer schüttelt den Kopf. „Diese **Maske** aus Maisblättern brauchen wir beim Mittwinter-Fest. Wir tanzen und bitten den Großen Geist um eine gute Ernte im kommenden Sommer", erklärt der Irokese. Er führt die Freunde zu einem Feuer, an dem ein Topf warmgehalten wird.

„Suppe mit Hirschfleisch und Wurzelgemüse", erklärt der Irokese. „Die macht stark und schmeckt gut. Sie steht den ganzen Tag hier auf dem Feuer, und jeder kann sich davon nehmen, wenn er hungrig ist."

„Wir essen zu Hause immer gemeinsam", sagt Kokosnuss. „Die Familie ist das Wichtigste für uns", sagt der Irokese ernst. „Wir respektieren unsere Alten und unsere Kinder. Die Kinder lernen von uns Eltern, von ihren Großeltern und beim Spielen. Unsere Frauen haben eine besondere Rolle: Jedem Clan steht eine Frau vor, eine **Clanmutter**. Die Clanmütter wählen 50 Männer, die den Rat der **Fünf Nationen** bilden."

„Was sind die Fünf Nationen?" „So nennen wir Irokesen uns: Einst waren die fünf Stämme verfeindet. Doch dann schlossen sie sich zu einem Bund zusammen und besiegelten einen Friedensvertrag. Wahrscheinlich war das eine der frühesten demokratischen Regierungen der Welt. So, bitte", sagt der Irokese und reicht

Kokosnuss einen großen Ton-
krug. „Hier ist die Suppe.
Möge der Große Geist euch
auf eurem Weg beschützen."
„Danke!", rufen die Freunde.
Die Suppe duftet köstlich, das
muss sogar Oskar zugeben,
obwohl er ja kein Fleisch isst.
Hoffentlich wird sie Piasa
schmecken!
„Wir reisen weiter", sagt Wilde
Hummel. „Hab Dank für deine
Hilfe, weiser Krieger."

Die Indianer des Südostens:
bei den Cherokee

Bitte festhalten!", ruft Eugen. "Wir fliegen jetzt in den Südosten von Nordamerika. Den Weg finde ich leicht: Ich muss immer nur am Mississippi entlangfliegen. Das ist nicht der größte Fluss Nordamerikas, aber er durchquert vom Norden, wo er entspringt, bis in den Süden, wo er in den Golf von Mexiko mündet, acht Bundesstaaten."

"Du sprichst in Rätseln, Fliegender Drache. Was sind Bundesstaaten?", fragt Wilde Hummel.

"Och, das ist eine Erfindung der Bleichgesichter[9]", erklärt Eugen. "Sie haben das Land unter sich aufgeteilt und Grenzen gezogen."

Wilde Hummel staunt. "Indianern ist der Gedanke fremd, Mutter Erde zu besitzen. Die Nationen haben ihre Lebensräume, die sie vor Angreifern verteidigen. Doch nie kämen wir auf den Gedanken, Land zu besitzen oder damit Handel zu treiben."

Unter ihnen taucht eine mit Wäldern bewachsene Gebirgskette auf. Über den Gipfeln hängt Dunst.

"Das sind die Great Smokey Mountains[10]", erklärt Eugen. "Kein Wunder, dass die so heißen", sagt Matilda kichernd.

[9] „Bleichgesichter" ist die indianische Bezeichnung für die Europäer, die nach Amerika kamen, Menschen mit heller Hautfarbe.

[10] Das heißt „große, rauchende Berge" und wird „gräit smoki mauntäns" ausgesprochen.

„Es sieht wirklich so aus, als würden sie rauchen!"
„Augen zu und durch!", ruft Eugen – und taucht in den Dunst. Schon kitzeln ihn Baumwipfel am Bauch. Er landet. „Hier wohnen die Cherokee[11]. Viel Glück. Ich mache in der Zwischenzeit ein Nickerchen."
Die Freunde klettern von Eugens Rücken und blicken sich

um. Es ist warm und feucht.
„Da! Ein Palisadenzaun, wie bei den Irokesen", sagt Kokosnuss. „Dann ist dahinter sicher auch ein Dorf. Kommt!"
Plötzlich sind sie von Kriegern umringt! Sie tragen nur einen Lendenschurz und sind kahlgeschoren bis auf einen Zopf am Hinterkopf. „Mitkommen, Fremdlinge!", sagen sie und führen die Freunde durch das Tor des Palisadenzauns.

[11] Das wird „Tscherokie" ausgesprochen.

Die Häuser im Dorf sehen anders aus als bei den Irokesen: Sie sind kleiner, rechteckig, mit Lehm bestrichen und mit Schilf bedeckt.

„Oje, oje, oje", jammert Matilda leise, als sie inmitten der Krieger auf ein großes Haus in der Mitte des Dorfes zulaufen. Ein prächtig gekleideter Mann mit einer weißen turbanähnlichen Kopfbedeckung kommt heraus. Die Krieger bleiben stehen und verneigen sich.

„Wir kommen in Frieden", sagt Wilde Hummel. „Wir möchten die Cherokee um ihre besten Speisen bitten, damit wir den Drachenvogel Piasa besänftigen können." Der Mann nickt bedächtig.

„Ich bin der Friedenshäuptling dieser Cherokee-Stadt. Anders als mein Bruder, der Kriegshäuptling mit der roten Kopfbedeckung, sorge ich für Frieden zwischen den Menschen und auch den Drachen. Wir Cherokee helfen euch. In den Wäldern jagen wir Wild und sammeln Beeren. In unseren Flüssen fangen wir Fische und auf unseren Äckern pflanzen wir Gemüse an. Wir genießen die Geschenke der Natur und haben viele köstliche Speisen: Maissuppe, Bohnenklöße und **Hominy** – ein Brei aus besonders zubereitetem Mais. Aus Esskastanien machen wir Brot und Pudding. Wir braten Truthahn, Hirsch und Bären, deren Federn und Felle wir für unsere Kleidung verwenden. Von all diesen Köstlichkeiten werden wir euch etwas für den Drachen mitgeben." Er nickt den Kriegern zu, die sofort aufspringen. „Die Cherokee sind eine große Nation mit einer reichen Kultur und eigener Schrift[12]", erklärt der Friedenshäuptling. „Bevor die Europäer ankamen, siedelten etwa 22 000 Menschen in den Bergen. Jeweils ungefähr 50 Familien leben in einer Stadt, die eigene Stadträte hat. Im Sommer wohnen wir hier, aber im Winter ziehen wir in runde Häuser um, die uns besser vor Kälte schützen. Ah, hier ist mein Geschenk für euch!"

Die Krieger kommen schwer bepackt mit Krügen und Ledersäcken zurück. „Meine Brüder tragen die Lebensmittel zu eurem Reittier", sagt der Friedenshäuptling.

„Reittier? Das erzählen wir Eugen lieber nicht", raunt Oskar.

---

[12] Mehr zur Schrift der Cherokee erfährst du auf Seite 62/63.

29

Lacrosse – Lieblingssport der Indianer

Gerade wollen sich die Freunde vom Friedenshäuptling verabschieden, als sie lautes Rufen und Jubeln hören. Der Friedenshäuptling lächelt. „Oh, meine Brüder spielen **Lacrosse**[13]. Das solltet ihr euch ansehen."
Er führt die Freunde zu einem großen Spielfeld. Bunt bemalte Männer in fantasievoller Kleidung laufen mit langen Schlägern umher. Am Ende der Schläger ist ein Netz befestigt. Die Spieler versuchen damit einen kleinen Ball aus Hirschleder zu fangen und zu schlagen.
„Wir nennen das Spiel **Tewaraathon**, das bedeutet ‚kleiner Bruder des Krieges'", erklärt

der Friedenshäuptling. „Beim Spiel machen wir uns fit für den Kampf. Denn nur, wer lernt, gemeinsam mit seinen Brüdern zu handeln, kann gewinnen."
„Das ist echter Teamgeist!", ruft Kokosnuss.
„Heute üben meine Brüder nur", sagt der Friedenshäuptling. „Wenn wir uns mit anderen Stämmen zu großen Wettkämpfen treffen, sind oft bis zu 100 Spieler auf dem Feld. Es geht stürmisch zu, oft gibt es sogar Verletzte. Die Zuschauer feuern die Mannschaften an und schließen Wetten ab, wer gewinnen wird. Das Spiel ist in vielen Regionen bekannt, aber hier im Südosten spielen wir es mit besonders großer Begeisterung!"

[13] Das ist ein französisches Wort und wird „lakross" ausgesprochen.

Plötzlich saust der kleine Ball
auf Kokosnuss zu. Er fliegt hoch
in die Luft – und fängt ihn. Alle
Indianer jubeln ihm zu.
„Roter Drache ist ein guter
Lacrosse-Spieler", lobt der
Friedenshäuptling.
Kokosnuss hätte gern mit-
gespielt, aber die Freunde
müssen weiter. Eugen wartet
auf sie …

Lacrosse ist bis heute ein beliebter Sport bei den
Amerikanern, allerdings mit festen Regeln und
weniger heftig. Als der Franzose Jean de Brébeuf
das Spiel 1634 zum ersten Mal beobachtete, fand
er, die Schläger sähen aus wie Bischofsstäbe, die
auf Französisch „la crosse" heißen. So bekam das
Spiel seinen europäischen Namen.

Die Indianer des Südwestens:
bei den Hopi

„Westen – wir kommen!",
singt Eugen fröhlich. Während
sie fliegen, verändert sich
unter ihnen die Landschaft: Je
weiter sie die waldigen Berge
und sumpfigen Ufer des Mississippi hinter sich lassen und
über das Landesinnere fliegen,
desto trockener und heißer
wird es. Schon bald haben sie
die Wüste erreicht: eine weite
Landschaft, aus der riesige
Tafelberge ragen.

„Dort auf dem Tafelberg liegt
eine Siedlung!", ruft Matilda.
Eugen fliegt näher heran, landet auf einer Klippe und lässt
die Freunde absteigen. So
haben sie sich den Aufstieg
erspart! Sie werden bereits
von einigen Dorfbewohnern
erwartet.

„Willkommen bei den Hopi.
Das bedeutet *friedliche Menschen*", sagt eine alte Frau.
„Wir leben in Frieden mit den
Menschen und Mutter Erde."
„Auch wir kommen in Frie-
den", sagt Kokosnuss und
erklärt ihr Anliegen.
„Wir helfen euch gern", sagt
die Frau. „Heute ist ein glück-
licher Tag, denn wir haben
Besuch von unseren Nach-
barn, den Navajo." Sie nickt
ihrer Freundin zu, die neben
ihr steht. Sie trägt eine bunte,
gewebte Decke um die Schul-
tern und Silberschmuck mit
türkisen Edelsteinen an den
Armen. „Und ihr kommt in
einer Friedensmission zu uns.
Friedfertige Fremde sind uns
immer willkommen." Die

Hopi-Frau führt die kleine Gruppe ins Dorf.

„Das sind ja Häuser aus Ziegelsteinen!", sagt Kokosnuss verwundert. Die kleinen eckigen Häuser sind wie Bauklötze neben- und übereinander in den Berg gebaut.

„Wir bauen sie aus flachen Steinen, die wir finden, und aus Lehmziegeln, die wir herstellen", erklärt die Frau. „Die Lehmziegel nennen wir **Adobe**. Unsere Dörfer werden **Pueblos** genannt."

„Wohnt ihr auch in **Pueblos**?", fragt Matilda die Navajo-Frau.

Sie schüttelt den Kopf. „Wir bauen **Hogans**", sagt sie. „Das sind halbkugelförmige Wohnhäuser aus Erde ohne Fenster. Die Tür zeigt immer nach Osten, in die Richtung der aufgehenden Sonne. Das bringt Glück, denn wir leben im Einklang mit dem Universum. Im Inneren sitzen die Männer an der Südwand, die Frauen und Kinder an der Nordwand, und den Ehrenplatz an der Westwand bekommen unsere Ältesten."

Die alte Hopi-Indianerin führt die Gäste zu ihrem Haus. Davor sitzt eine junge Frau und schält Mais. Oskar betrachtet ihre Frisur.

„Links und rechts zwei riesige Haar-Knödel – und keine Federn!", stellt er fest.

Die junge Frau lächelt. „Diese Frisur tragen unverheiratete Hopi-Frauen. Die Knödel stellen Kürbisblüten dar", erklärt sie.

„Kürbisse sind eines unserer Hauptnahrungsmittel", sagt die alte Hopi-Indianerin.

„Genau wie Mais, Bohnen und Samen."

„Ist es hier dafür nicht viel zu trocken?", fragt Matilda.

„Wegen der Trockenheit wurden wir Hopi zu Meistern des Ackerbaus. Denn allein vom Jagen und Sammeln können wir nicht leben", sagt die Frau.

„Natürlich gibt es auch Zeremonien, um den Großen Geist um Regen zu bitten. Beim **Schlangentanz** tanzen Priester mit Schlangen, die sie in der Wüste gesammelt haben. Sie nehmen sie sogar in den Mund. Das muss sein, denn die Schlange ist für uns das Tier des Wassers."

Sie befüllt einen wunderschön mit geometrischen Mustern bemalten Krug und gibt ihn Kokosnuss. „Das ist **Cushaw**[14], ein grüngestreifter Flaschenkürbis, den wir über dem Feuer rösten und weichkochen. Dann kann man ihn ganz aufessen, mit Schale und Kernen."

Sie reicht Wilde Hummel eine Schale mit bunten Teigrollen.

„Das ist **Piki**-Brot, ein dünnes Fladenbrot aus verschiedenen Maismehlsorten. Piki-Brot herzustellen, ist eine Kunst. Die Mädchen lernen es von ihren

[14] Das ist Englisch und wird „kuscho" oder „kjuscho" ausgesprochen.

Müttern. So geben wir die Tra-
dition und die dafür nötigen
Gegenstände – Steine, Schüsseln und Tabletts – an die
nächste Generation weiter.
Und um Popcorn zu machen,
legen wir Maiskörner auf hei-
ße Steine."

„Popcorn?", ruft Oskar erstaunt. „Ich liebe Popcorn!"

Die Navajo-Frau reicht Matilda
einen kunstvoll geflochtenen
Korb, der mit Maisbrei gefüllt
ist. „Bei uns Navajo steht die
Familie im Mittelpunkt. Unseren Maisbrei essen wir gemeinsam aus solchen Körben."
„Vielen Dank, ihr habt uns
reich beschenkt", sagt Kokosnuss.

Kinderleben – Familienleben

„Kinder sind für uns ein Geschenk, Roter Drache", sagt die alte Hopi-Indianerin. Ihre Freundin nickt und sagt: „Das ist bei allen Indianerstämmen so. Die Geburt eines Kindes feiern wir mit einem Fest."

„Wir Hopi streuen Maisblütenstaub auf das Neugeborene, denn Mais bedeutet für uns Glück", erklärt die Hopi-Indianerin. „Zu Beginn ihres Lebens haben Kinder noch keinen Namen. Erst im Laufe der Zeit zeigt sich, welcher Name passt und wie es heißen soll. Der Name ändert sich manchmal, wenn es erwachsen wird."

„Unsere Kinder sind nie allein", sagt die Navajo-Indianerin. „Sie leben in der Gemeinschaft der Familie – des Clans."

„Zunächst werden Babys von ihren Müttern in hübschen Wiegetragen mitgenommen. Kleinkinder werden dann von ihren Großmüttern betreut, denn Mütter haben ja sehr viel zu tun", erklärt die

Wiegetrage

Hopi-Indianerin. „Wenn die Kinder größer werden, lernen die Mädchen von ihrer Mutter, von Tanten und Cousinen alles, was sie wissen müssen, um ihre Familien und den Stamm zu versorgen. Es wird als Ehre betrachtet, so viel Verantwortung zu übernehmen. Die Jungen lernen von ihrem Onkel, dem ältesten Bruder der Mutter, das Jagen und Fallen zu stellen. Aber natürlich auch von ihrem Vater, Großvater und den Cousins. Mit etwa 14 Jahren werden sie selbst zu Männern: Dazu muss der Junge ein Ritual durchlaufen, seinen Mut beweisen und in einer Art Traum seinem **Totemtier** begegnen. Zu diesem Tier hat er sein Leben lang eine besondere Beziehung. Es gibt Schutz und Rat."

„Unsere Kinder werden vom ganzen Stamm erzogen", sagt die Navajo-Indianerin. „Wir bringen ihnen früh bei, anderen zu helfen, mit ihnen zu teilen und andere Meinungen zu respektieren. Wir achten unsere Kinder, denn sie gehören nicht uns, sondern Mutter Erde. Wir lehren sie auch, den Ältesten und der Natur Respekt entgegenzubringen."

„Kinder bekommen oft schon früh einen Hund oder ein Pferd geschenkt, um das sie sich kümmern müssen", sagt Wilde Hummel. „Tiere sind bei uns so viel wert wie Menschen. So lernen wir, Verantwortung für ein anderes Lebewesen zu übernehmen." Die alte Hopi-Frau lächelt. „Ja, und in den stillen Wintermonaten basteln wir gern Spielzeug für unsere Kinder." „Bei den Sioux bekommen Mädchen Puppen aus Bisonleder und Jungen kleine Pferde oder Spielzeugboote aus Birkenrinde", erzählt Wilde Hummel.

„In unserer Hopi-Religion haben wir Geister: Götterboten, die wir **Kachina** nennen. Sie können die Gestalt von Menschen, Tieren und Pflanzen annehmen", sagt die Hopi-Indianerin. „Für die zeremoniellen Tänze verkleiden sich die Männer als Geisterwesen und schenken den Mädchen Kachina-Puppen, die wir zuvor aus verschiedenen Naturmaterialien basteln. Schaut, so sehen sie aus." Sie zeigt den Freunden lustige Puppen. „Die Jungen bekommen Bogen und Pfeile geschenkt."
„Ich würde ja viel lieber Jägerin werden", grummelt Wilde

Kachina-Puppe

Spielzeug

Hummel. „Aber die Aufgaben sind bei uns klar verteilt. Und Mädchen und Frauen sind sehr geachtet."

„Was passiert, wenn ihr mal was Blödes anstellt?", fragt Kokosnuss.

„Dann bekommen wir eine Geschichte erzählt", sagt Wilde Hummel.

„Eine Geschichte?", wundert sich Oskar. „Das ist doch gar keine Bestrafung."

„Wir werden ermahnt und müssen still zuhören", sagt Wilde Hummel. „Die Geschichten lehren uns, welche Folgen es hat, wenn wir die Harmonie des Stammes verletzen und das Leben aus dem Gleichgewicht bringen."

„Auweia", sagt Kokosnuss. „Ein schlechtes Gewissen kann schlimmer sein als eine Strafe!"

„Wir durften viel von euch lernen", sagt Matilda zu den Frauen. „Vielen Dank!"

Die Indianerinnen begleiten die Freunde zum Ausgang des Dorfes, wo Eugen wartet.

Die Indianer des Großen Beckens:
bei den Shoshone

Werkzeug zum Graben

„Puh, ist das heiß hier", stöhnt Eugen. „Das Große Becken wird so genannt, weil die Region von allen Seiten von Bergen eingekesselt ist. Die Berge halten die Wolken ab, deswegen regnet es hier fast nie."

Kokosnuss starrt auf die karge Landschaft unter ihm. „Hier scheinen ja nicht viele Leute zu wohnen. Ich frage mich, wie man in dieser Wüste überhaupt leben kann?"

„Fragen wir jemanden", sagt Matilda. „Dahinten stehen ein paar Hütten."

Eugen landet – und die Freunde nähern sich der kleinen Siedlung aus runden Grashütten. Vor einer sitzt eine alte Frau und flicht einen Korb mit kunstvollen Mustern.

„Willkommen bei den Shoshone[15]. Willkommen in meinem **Wickiup**, meiner Hütte", sagt die Frau. „Wir bekommen nicht oft Besuch." Die Freunde setzen sich zu ihr. Kokosnuss erzählt ihr von Piasa. Die Frau wiegt den Kopf hin und her. „Viel kann ich euch leider nicht geben", sagt sie. „Das Leben in der Wüste ist hart. Wir graben mit Stöcken in der Erde, um Wurzeln, Schnecken und essbare Insekten zu finden. Die Männer jagen Kaninchen, Schlangen und Gabelbockantilopen. Auch die Su-

---

[15] Das wird „Schoschoun" ausgesprochen. Die Shoshone waren eine weit verbreitete Nation mit teilweise unterschiedlichen Lebensweisen. Die Freunde sind auf einen Klan der westlichen Shoshone getroffen.

che nach Wasser, Brennholz und Material für unsere Körbe braucht viel Zeit."

„Ist es deswegen so still hier?", fragt Kokosnuss. „Weil alle unterwegs sind?"

„So ist es, Roter Drache", sagt die Frau. „Ich bin alt. Deswegen bleibe ich hier und passe auf die Kinder auf, die noch zu klein sind, um zu helfen." Sie kriecht in die Hütte und kommt mit einem kleinen Korb wieder heraus. „Das getrocknete Antilopenfleisch soll euch helfen, den fauchenden Drachenvogel zu besänftigen", sagt sie und reicht Kokosnuss den Korb.

„Aber …", protestiert Kokosnuss, weil er dem Stamm von den wenigen Vorräten nichts wegnehmen will.

Die alte Frau lächelt und sagt: „Roter Drache, respektiere die Entscheidung der Dorfältesten und gib keine Widerworte." Also bedanken sich die Freunde und laufen zu Eugen zurück.

Die Indianer der Südwestküste:
die Pomo-Indianer

Eugen überfliegt eine hohe Bergkette – und mit einem Mal wird die Landschaft grün! In der Ferne ist schon das Meer zu sehen. „Der Pazifische Ozean!", ruft Eugen. Schnell erreichen sie den Küstenstreifen. Während Eugen daran entlang nach Norden fliegt, entdecken sie kleine und größere Siedlungen.

„Hier leben viel mehr Menschen als im Großen Becken", stellt Oskar fest.

„Kein Wunder", sagt Matilda. „Überall gibt es Wälder, Flüsse und Seen. Da findet man sicherlich leicht Nahrung."

Eugen landet an einem Fluss. Gerade holt ein Indianer einen trichterförmigen Korb aus dem Wasser. Die Freunde gehen näher heran. Wilde Hummel macht das Zeichen für Freundschaft. Der Indianer grüßt zurück.

„Was ist das?", fragt Oskar neugierig.

„Eine Reuse", erklärt der Indianer. „Wir Pomo sind geschickte Korbmacher. Mit dieser doppelwandigen Reuse fange ich Fische. Meine Frau benutzt einen geflochtenen Flegel, um Eicheln und andere Samen von Bäumen und Sträuchern zu schlagen."

„Eicheln? Die schmecken doch gar nicht", sagt Oskar.

„Roh nicht", sagt der Indianer. „Aber wir trocknen und lagern sie. Anschließend zerstoßen die Frauen die Eicheln zu Mehl. Mit heißem Wasser übergossen, ergibt das einen leckeren Brei. Hier!" Er hält den Freunden einen kleinen Kuchen entgegen. "Der ist aus Mehl aus Samen und Gräsern. Sehr würzig."

Kokosnuss steigt der Duft in die Nase. "Dürfen wir so einen für Piasa mitnehmen?" Nachdem er dem Indianer alles erzählt hat, löst der ein paar Säckchen von seinem Gürtel. "Hier sind gekochte und geröstete Mottenraupen. Eine Köstlichkeit!", sagt er und lacht, als er in die erstaunten Gesichter der Freunde schaut. "Das mögt ihr nicht? Wir essen auch Regenwürmer, Wespenmaden und andere Insekten. Jeder Stamm hier hat eigene Lieblingsspeisen. Unsere Freunde, die **Hupa** im Norden, essen am liebsten gegarte Lilienzwiebeln. Aber wir essen vor allem Eicheln, Beeren, Hirsch- und Kaninchenfleisch und natürlich Fisch." Er deutet auf die Reuse voller Fische. "Mutter Erde schenkt uns so reichlich, dass wir im Herbst sogar Vorräte für den Winter sammeln und einlagern. Und uns bleibt noch Zeit für unsere Rituale. Beim Sonnentanz wird sogar Feuer geschluckt!" "Ui", sagt Kokosnuss. "Das würde ich ja zu gern mal sehen." Doch die Freunde müssen weiter. Sie verabschieden sich und steigen auf Eugens Rücken.

Die Indianer des Plateaus:
an den Kettle Falls

Eugen fliegt weiter Richtung Norden. „Fertig machen zur Landung an den **Kettle Falls**[16]!", ruft er und landet am Ufer eines wilden, breiten Flusses. „Hier im **Columbia River** findet jedes Jahr die größte Lachswanderung Nordamerikas statt: Die Lachse schwimmen stromaufwärts zu den Stellen, wo sie geboren wurden. Dort laichen sie ebenfalls", erklärt Eugen. „Dafür müssen sie Wasserfälle und Stromschnellen hinaufspringen. Kein Wunder, dass die Kettle Falls eine der wichtigsten Fangstellen für Lachse sind. Seht!"
Überall am Ufer und auf den Felsen im Wasser stehen Männer! Mit Reusen und Speeren fangen sie die Fische. Kokosnuss beobachtet einen etwa vierzehnjährigen Jungen. Er steht reglos am rauschenden Wasser. Plötzlich stößt er zu. Ein großer Lachs zappelt an seiner Speerspitze. Der Junge stößt einen kurzen Jubelschrei aus – wird aber sofort wieder still, damit er die anderen Männer nicht stört.
„Das ist mein erster Fang!", sagt er zu Kokosnuss. „Dieses Jahr darf ich zum ersten Mal mit den Männern meines Clans am **Shonitkwu**, am *lauten Wasser*, fischen. Den ganzen Sommer fangen wir Lachse. Die Frauen räuchern und trocknen sie für den Winter."

[16] Das wird „kättel fols" ausgesprochen und bedeutet „Kessel-Wasserfälle".

„Die armen Lachse", murrt Oskar.

Der Junge sieht ihn streng an. „Wir erlegen nur die Tiere, die es nicht schaffen, die Wasserfälle zu überwinden. Mutter Erde schenkt sie uns, damit wir den kalten Winter überleben, und wir danken ihr dafür.

Wir jagen auch Hirsche und Bären und sammeln Knollen und Beeren. Am **Shonitkwu** treffen sich jedes Jahr viele Stämme und jagen gemeinsam. Die Stämme, die hier leben, wir **Colville** und die **Sanpoil**, schlichten den Streit, der manchmal unter den hergewanderten Stämmen ausbricht. Wir feiern gemeinsam und tauschen Wissen und Nachrichten aus. Der Ort hier ist so wichtig, dass sogar die Bleichgesichter herkommen, um mit uns Handel zu treiben. Manchmal erzählen uns weiße Männer in schwarzen Kleidern von ihrem Gott", fügt er hinzu. „Aber sie bringen auch Krankheiten, die unsere Schamanen nicht heilen können."

„Wie meinst du das?", fragt Kokosnuss.

Angel-haken

Die Kettle Falls gibt es heute nicht mehr. 1940 wurde eine 168 Meter hohe Staumauer, die *Grand-Coulee-Talsperre*, gebaut. Ein riesiger See, der Roosevelt Lake, entstand – mit ihm versanken weite Indianerterritorien. Die Lachse konnten nicht mehr in ihre Laichgebiete gelangen. Damit verloren die Indianer in diesem Gebiet ihre Lebensgrundlage und mussten ihre ursprüngliche Lebensweise aufgeben. 8000 bis 10 000 Indianer der betroffenen Stämme versammelten sich und betrauerten den Verlust in einer „Zeremonie der Tränen".

Die Heilkunst der Schamanen

Für uns Indianer muss das Leben im Einklang mit der Natur sein. Unsere Zufriedenheit kommt durch die Freundschaft und die Verbundenheit mit der Natur. Wenn jemand krank ist, ist das ein Zeichen dafür, dass das Gleichgewicht gestört ist. Der Schamane des Stammes kann es mit Gebeten, Gesängen und Heilpflanzen wiederherstellen", erklärt der Junge. „Der Medizinmann – manchmal ist es auch eine Frau – nimmt Verbindung zu den Geistern auf. In manchen Stämmen wird dazu eine heilige Trommel geschlagen – ein Symbol für den Herzschlag. Im Süden, bei den Navajo, erstellt der Schamane kunstvolle Sandbilder auf dem Boden. Ist das Sandbild fertig, setzt sich

der Kranke hinein, um in Kontakt mit den Heiligen zu treten. Das Sandbild muss an einem einzigen Tag gemacht und wieder zerstört werden, damit es wirkt.

Tabakpfeife

Unsere Schamanen kennen die Heilkraft von über 3000 Pflanzen. Besonders heilig ist uns der Tabak. Damit können Wunden gereinigt und Zecken entfernt werden. Die Blätter werden zu besonderen Anlässen in schönen Pfeifen geraucht und erleichtern die Kontaktaufnahme mit der Geisterwelt."

Medizinbeutel

„Wir Sioux", sagt Wilde Hummel, „packen Gegenstände, die uns beschützen, in einen Medizinbeutel. Außerdem hat jeder ein Totemtier, das ihn vor Gefahren bewahrt."

„Woher wissen eure Schamanen das alles?", fragt Matilda. „Dieses Wissen wird seit Jahrtausenden weitergegeben", erklärt der Junge. „Außerdem beobachten wir, wie Tiere sich heilen. Wenn Grizzlybären mit den Lachsen Würmer zu sich nehmen, fressen sie Lilienwurzeln. Wird einer von uns krank, weil er durch die Lachse Würmer bekommen hat, verabreicht ihm der Schamane eine Wurmkur aus Lilienwurzeln … Aber gegen die neuen Krankheiten der Bleichgesichter sind die Schamanen machtlos. Der weiße Mann hat Grippe, Röteln, Masern und Pocken mitgebracht. Dagegen können sich unsere Körper auch mit der Hilfe der Geister nicht wehren."

Die Indianer der Nordwestküste: bei den Haida

Eugen fliegt Richtung Westen über hohe Berge – und mit einem Mal sehen sie den Pazifik wieder. „Die Kulturregion der Nordwestküste erstreckt sich über 3200 Kilometer entlang der Pazifikküste – vom Norden Kaliforniens bis nach Alaska", erklärt Eugen. „Dieses Labyrinth aus Fjorden, Inseln und Buchten ist gesäumt von Wäldern aus Tannen, Zedern und Mammutbäumen. Der Pazifische Strom sorgt für feuchtwarmes Klima." Plötzlich hören die Freunde Trommeln und Gesang.

„Da unten wird ein Fest gefeiert!", ruft Matilda. Eugen geht in einen Sturzflug, sodass Kokosnuss die Körbe voller Lachs, die ihnen der Colville-Junge mitgegeben hat, festhalten muss.

„Ihr kommt genau richtig!", ruft ein Haida-Mädchen den Freunden zu. „Wir feiern einen **Potlatch**! Kommt!" Die Freunde folgen ihm. Erstaunt blicken sie sich um. Das Indianerdorf besteht aus großen Holzhäusern, in denen zehn bis zwölf Familien wohnen. Neben jedem Eingang steht ein riesiger, kunstvoll geschnitzter und reich bemalter Holzstamm, der hoch in den Himmel ragt. Jeder Pfahl zeigt andere fantasievolle Tiere. „Ein Totempfahl!", erinnert sich Oskar an Dr. Blumenkohls Beschreibung. „Genau", sagt das Mädchen. „Sie zeigen, welche Familie in dem Haus wohnt und welche Ereignisse sie durchlebt hat. Einige bilden Wesen und Szenen aus der Geisterwelt ab. Die Indianer im Nordwesten sind wahre Holzkünstler. Unsere Häuser, unsere Totempfähle, unsere Boote – alles schnitzen wir aus dem Holz, das es hier reichlich gibt. Bis der weiße Mann kam und uns Klingen aus Stahl und Eisen verkaufte, haben wir Haida die Bäume mit scharfen Schieferklingen gefällt und bearbeitet. Aber nun kommt, wir wollen feiern."

Der Potlatch

Das Haida-Mädchen führt die Freunde auf den Dorfplatz. „Die Frau unseres Häuptlings hat ihren ersten Sohn geboren", erzählt das Mädchen. „Nun gibt unser Häuptling ein großes Fest: Beim **Potlatch** verteilt er Geschenke. Damit ehrt er seine Ahnen und vergrößert sein Ansehen in unserer Gemeinschaft. Reichtum und der Rang im Clan sind uns wichtig."

„Darin unterscheidet ihr euch von allen anderen Indianervölkern", sagt Wilde Hummel.

„Uns ist die Gemeinschaft wichtiger."

„Der **Potlatch** ist ein Fest des Schenkens", fährt das Mädchen fort. „Mehrere Tage lang tanzen und feiern wir mit unseren Gästen. Essen gibt es im Überfluss. Damit zeigt der Häuptling seinen Reichtum und teilt ihn gleichzeitig. Zum Abschied macht er großzügige Geschenke. Ein Potlatch braucht viel Vorbereitung und ist so teuer, dass ihn ein Häuptling nur ein- oder zweimal im Leben ausrichten kann."

Der Häuptling begrüßt die Freunde freundlich. „Kleiner Roter Drache, die Kunde von deiner Friedensmission eilt dir voraus", sagt er. „Sei der Ehrengast bei meinem Freudenfest. Und nimm dir, was du brauchst, um dem Drachenvogel entgegenzutreten."

Über den Feuern garen Lachs und Heilbutt. In den Schüsseln dampfen Robben- und Hirschfleisch und Muscheln.

„Das Meer und der Wald schenken uns alles, was wir zum Leben brauchen", erklärt das Mädchen. Es kichert und sagt: „Sogar Licht. Schaut mal, der Körper des Kerzenfischs enthält so viel Öl, dass die Schnur, die wir als Docht hineinstecken, tagelang brennt."

Kokosnuss blickt sich um und versteht: Es ist so reichlich Nahrung vorhanden, dass die Indianer im Nordwesten keinen Ackerbau treiben müssen. Sie haben jedoch Methoden entwickelt, um die Gaben der Natur haltbar zu machen: Fisch, Fleisch, Beeren, Pilze und Wurzeln. Während seine Freunde mit den Indianern ausgelassen tanzen, packt Kokosnuss von jeder Speise etwas ein. Da wird sich Piasa hoffentlich freuen.

Die Indianer der Arktis und der Subarktis: bei den Inuit

Je weiter Eugen nach Norden fliegt, desto kälter wird es. Die Landschaft unter ihnen ist karg – und schließlich ganz mit Schnee bedeckt.

„In der Subarktis und Arktis ist der Boden das ganze Jahr über gefroren", erklärt Eugen. „Nur im Sommer taut er einige Zentimeter tief auf. Dann ist die Tundra mit blühenden Gräsern und Blumen bedeckt."

Unter ihnen winkt ein junger Mann in einem Anorak. Eugen landet.

„Kommt schnell in mein Haus", sagt der Mann und führt die Freunde in ein halb in den Boden gebautes Haus aus Steinen und Erde. Drinnen prasselt ein Feuer und es ist herrlich warm. „Willkommen bei den Inuit", sagt der Mann. „Doch ich glaube, bei uns ist es viel zu kalt für euch."

„Hättest du für uns eine Mahlzeit, die wir Piasa anbieten können?", fragt Kokosnuss.

„Kleiner Roter Drache bekommt von mir köstliches Walfleisch. Es ist immer ein großes Wagnis, diese riesigen Tiere nur mit Speeren und Harpunen zu erlegen. Von dem Fleisch können wir aber lange essen, und der Tran, also das Fett, dieses Meeressäugers, hält uns gesund und gibt uns Licht." Er deutet auf eine Lampe, in der Tran brennt.

„Aber wie schafft ihr es, in der großen Kälte zu überleben?", fragt Matilda.

„Wir haben ein paar nützliche Dinge erfunden", sagt der Mann schmunzelnd. „So gut, dass sie der weiße Mann sogar übernommen hat: den Anorak aus Fellen, der warm und trocken hält. Schneeschuhe, mit denen man über den Schnee laufen kann, ohne einzusinken. Den Schlitten, mit dem wir weite Strecken fahren – bergab oder von unseren Schlittenhunden gezogen. Kajaks, mit denen wir auf Robbenjagd gehen."

„Und wieso wohnt ihr nicht in einem **Iglu**?", will Oskar wissen.

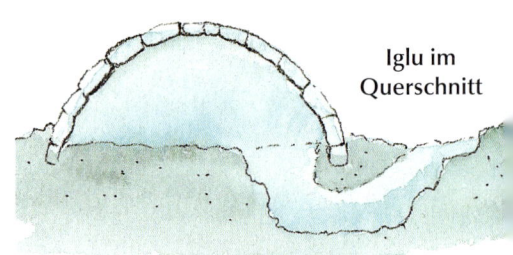

Iglu im Querschnitt

Der Inuit lacht. „Die wenigsten Inuit-Stämme wohnen ständig in einem Iglu. Meistens bauen wir es nur als ‚Jagdhütte', wenn wir unterwegs sind. Dafür schneiden wir Eisblöcke aus und schichten sie in einer Spirale aufeinander, sodass sich eine Kuppel bildet. Zwei Männer brauchen dafür eine Stunde. Im Iglu ist es bis zu 4 Grad warm."

„Warm?", ruft Matilda. „Das ist doch kalt."

„Wenn es draußen minus 46 Grad hat, kommen dir 4 Grad mollig warm vor", sagt der junge Mann lächelnd. „Natürlich kann man im Iglu kein Feuer machen, sonst schmilzt der Schnee und alles wird nass. Aber wenn der Eingang tiefer liegt als die Schlafstelle, wärmen unsere Körper die Luft im Inneren, und die kalte Luft von außen kann nicht eindringen." Er gibt Kokosnuss ein großes, in Robbenfell eingeschlagenes Paket. „Und nun fliegt rasch in wärmere Gebiete – sonst werdet ihr krank."

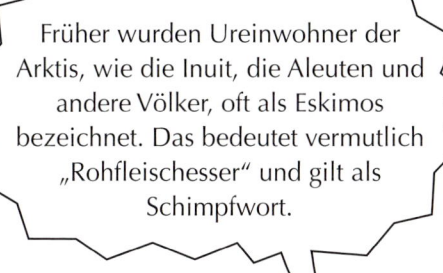

Früher wurden Ureinwohner der Arktis, wie die Inuit, die Aleuten und andere Völker, oft als Eskimos bezeichnet. Das bedeutet vermutlich „Rohfleischesser" und gilt als Schimpfwort.

Zurück bei den Sioux: der Bison

Häuptling Letztes Wort nickt anerkennend, als er sieht, wie fleißig die Freunde Speisen für Piasa gesammelt haben. In Eugens Packtaschen sind Schüsseln, Krüge und Körbe gestapelt.

„Ihr solltet auch noch Bisonfleisch und **Pemmikan** mitnehmen", sagt er. „Ihr wisst ja, dass der Bison für uns Prärieindianer ein heiliges Tier ist, denn er gibt uns alles, was wir brauchen."

Getrockneter **Bisondung** brennt gut und gibt Licht und Wärme.

Das **Fleisch** essen wir mehrere Tage lang frisch. Der Rest wird getrocknet. Aus Trockenfleisch, Beeren, Mark und Fett machen die Frauen **Pemmikan**, eine haltbare, nahrhafte Paste, als Snack für unterwegs.

Aus dem **Fell** und dem **Leder** stellen wir Kleidung, Schuhe, Taschen, Zeltplanen, Decken und vieles mehr. Dafür wird die **Bisonhaut** gegerbt, bis sie weich ist.
Für Schüsseln oder als Bezug für unsere Schilde härten wir die Bisonhaut mit Dampf.

Aus dem **Horn** und den **Knochen** stellen wir Waffen und Werkzeuge her. Mit den **Sehnen** bespannen wir unsere Bogen. Aus den **Haaren** flechten die Frauen Seile und Lassos.

Sogar den **Schädel** nutzen wir für unsere Zeremonien.

Die Ankunft der Europäer:
Der Kampf ums Überleben beginnt

Plötzlich senkt Häuptling Letztes Wort den Kopf und sagt leise: „Durch den weißen Mann hat sich das Leben für uns Indianer komplett verändert. Im Jahr 1607 kamen die ersten Siedler in Nordamerika an und gründeten Jamestown.

Die Powhatan-Indianer halfen den Neuankömmlingen am Anfang mit Lebensmitteln und ihrem Wissen. Es wurde Handel getrieben. Doch bald schon forderten die Siedler mit Waffengewalt Lebensmittel und kostbare Pelze. Häuptling Powhatan verstand nicht, warum die Siedler diejenigen töteten, die ihnen halfen und sie versorgten. Doch der Hunger der Bleichgesichter nach Land war unersättlich. Es kamen immer mehr Siedler aus

Europa und Russland und drangen tiefer in die Indianergebiete ein. Am Anfang gab es oft ein freundliches Miteinander mit Tausch und Handel. So kamen auch die Pferde zu uns in die Prärie. Die Urpferde waren ja bereits ausgestorben, bevor wir Ureinwohner den amerikanischen Kontinent besiedelten. Die Weißen brachten ihre Pferde von zu Hause mit. Wir fingen die entlaufenen und verwilderten Tiere ein und zähmten sie. Mit den Pferden wurde es einfacher für uns, Bisons zu jagen. Früher mussten wir sie eine Klippe hinunterscheuchen. Die ganze Familie half – und begab sich dabei in Gefahr. Vom Pferderücken aus konnte ein geschickter Jäger einen Bison mit nur einem Pfeil erlegen. Wir töteten aber immer nur so viele Tiere, wie wir zum Überleben brauchten.

Anders als die Siedler: Als sie in den Westen vordrangen, töteten sie Bisons auch zum Vergnügen! Sie bauten eine Eisenbahn quer durch unsere Territorien. Dafür schlossen sie Kaufverträge mit uns – die das Papier nicht wert waren, auf denen sie standen. Vom Zug aus schossen sie mit ihren Feuerwaffen auf die Tiere. Natürlich wehrten wir uns, doch die Weißen waren übermächtig. Und die toten Bisons, die in der Prärie lagen, brachen uns das Herz. In etwa 300 Jahren rotteten die Siedler den Bison fast aus. Die meisten Indianer waren in Schlachten oder an europäischen Krankheiten gestorben. Die Überlebenden wurden in Reservate geschickt – wertloses Land, auf dem wir nicht unseren Gewohnheiten und Riten entsprechend leben konnten."

Sprachen und Schriften der Indianer

Rauchzeichen!", ruft der Sioux Gelbes Ei. „Dort hinten steigen Rauchzeichen auf!" „Es ist wohl eher Ruß, der Vater Himmel schwärzt", murrt Grüne Leuchte. Häuptling Letztes Wort hebt die Hand. „Grüne Leuchte und Gelbes Ei sollen ihren Streit, den wir nicht mehr hören können, endlich beenden." Er blickt in den Himmel und nickt. „Die Rauchzeichen bedeuten, dass Piasa gesichtet wurde." „Das liest du aus diesen Wölkchen?", fragt Kokosnuss erstaunt.

„So ist es", sagt Letztes Wort. „Die Zeichenabfolge habe ich mit meinen Brüdern vereinbart. Mit Rauchzeichen können wir uns über weite Strecken – bis zu 80 Kilometer – kurze Nachrichten schicken. **Wampumgürtel** werden nur zum Festhalten von Verträgen oder wichtigen Ereignissen aus Perlen und Schneckenmuscheln geknüpft. Wir Indianer haben viele Mittel, miteinander zu kommunizieren. Im Laufe der Jahrtausende haben sich über 300 verschiedene Sprachen allein in den südlichen Kulturregionen herausgebildet. Wenn es zu Verständigungsproblemen untereinander kommt, nehmen wir unsere Zeichensprache zu Hilfe."

„Stimmt", sagt Oskar. „Wilde Hummel hat überall das Zeichen für Freundschaft gemacht – Daumen, Zeigefinger und Mittelfinger hoch, die beiden anderen abgeknickt."

Der Häuptling nickt. „Auch in Zeichen und Zeichnungen halten wir Ereignisse fest, auf Bisonhäuten oder auch Holztäfelchen. Der **Newspaper Rock**[17], der *Zeitungsfelsen,* ist mit bis zu 2000 Jahre alten Zeichnungen bedeckt."

„Der Häuptling der Cherokee hatte von einer Schrift gesprochen?", sagt Matilda.

„Sie wurde von dem Cherokee Sequoyah um 1820 entwickelt", erzählt der Häuptling.

„Also unter dem Einfluss der Europäer. Allerdings war seine Schrift aus 85 Silbenzeichen so erfolgreich, dass schon bald die meisten Cherokee schreiben konnten. Anders als die Weißen … Kleiner Roter Drache und seine Freunde müssen nun aufbrechen. Der Große Geist begleite euch auf eurem Weg zum fauchenden Drachenvogel."

„Wilde Hummel kommt mit!", ruft das Indianermädchen und springt mit einem Satz auf Eugens Rücken.

[17] Das ist Englisch und wird „njuspäiper rok" ausgesprochen.

63

Ein Festmahl für Piasa

Wieder fliegen die Freunde Richtung Waldland. Unter ihnen ist nur Grün zu sehen. Wo wohl Piasa steckt? Irgendwo da unten müsste seine Höhle sein … Da steigt wieder ein Rauchzeichen auf. Eugen landet neben einem Feuer. Erschrocken zieht der Indianer, der danebensteht, die Decke von der Glut – und eine riesige schwarze Wolke steigt auf. „Schon gut, schon gut, wir sind ja da", murmelt Oskar. „Hau kola", sagt Wilde Hummel. „Wo ist der fauchende Drache?"

„Auf der Lichtung im Wald", sagt der Indianer, und Eugen fliegt sofort weiter.

Die Lichtung entdeckt er schnell und landet. Und da ist auch die Höhle. Ein gefährliches Knurren dringt heraus. Den Freunden zittern die Knie. Aber trotzdem bauen sie mutig ein herrliches Büfett vor dem Höhleneingang auf: eine lange Reihe aus Schüsseln, Körben, Krügen und auf

Lederhäuten ausgebreiteten Köstlichkeiten von neun verschiedenen Stämmen.

Als sie fertig sind, ruft Kokosnuss: „Piasa, komm raus! Wir haben etwas für dich!"

Das Knurren wird lauter. Die Freunde fassen sich an den Händen, und Kokosnuss ruft: „Komm, Piasa! Du wirst dich freuen, versprochen!"

Plötzlich erscheint ein riesiger schuppiger Kopf im Höhleneingang. Piasa! Auf den ersten Blick sieht er wirklich zum Fürchten aus, aber seine roten Augen blicken traurig.

„Piasa", sagt Kokosnuss freundlich, „wir haben dir leckere Speisen mitgebracht. Vielleicht findest du ein neues Lieblingsessen?"

Jetzt leuchten die Augen des Riesendrachen. „Wirklich? Das habt ihr für mich getan?", fragt er. „Wisst ihr, dieses Menschenfleisch liegt mir schrecklich im Magen. Ich kann es nicht leiden, aber aufhören kann ich auch nicht."

„Dann probier doch mal von diesem köstlichen Maisbrei", schlägt Matilda vor. „Oder vom Piki-Brot oder dem Kürbis-Ragout oder der Hirschfleischsuppe, dem Bisonfleisch, den Muscheln …" Sie kann gar nicht alles aufzählen. Piasa schnuppert bereits neugierig an allem. Vorsichtig nippt er hier und kostet dort. Und dann … frisst er alles ratzeputz auf. Genüsslich rülpst er und leckt sich die Lippen.

„Mannomann, war das gut! Davon will ich mehr. Wo finde ich das?"

„Äh, überall", sagt Kokosnuss. „Aber versuch bitte, niemandem Angst zu machen, okay?" Piasa lacht dröhnend. „Keine Bange, Roter Drache. Einem Menschen krümme ich nie mehr ein Haar. Ich denke, ich verlege mich auf Kürbiseintopf mit Bohnen. Von dem kann man so schön pupsen."

Oskar nickt zufrieden. „Eine weise Entscheidung. Als Vegetarier kann man ganz gut leben."

„Danke, ihr habt mir sehr geholfen!", ruft Piasa – und fliegt auf und davon.

Der Rückflug: wie Indianer heute leben

Mission erfolgreich beendet!", jubelt Eugen und setzt Wilde Hummel zu Hause bei ihrem Stamm ab.

„Besucht ihr mich mal wieder?", fragt Wilde Hummel. „Mit euch erlebe ich immer die tollsten Abenteuer." Die Freunde versprechen es und winken zum Abschied. Und schon fliegt Eugen durch die Wolken Richtung Dracheninsel.

„Wie leben die Indianer heute eigentlich?", fragt Kokosnuss auf dem Rückflug.

Eugen schweigt eine Weile nachdenklich, bevor er sagt: „In den 300 Jahren zwischen 1600 und 1900 haben die Siedler viele Indianerkulturen zerstört. Die überlebenden Indianer wurden umgesiedelt und gezwungen, in Reservaten zu leben. Das sind Gebiete, die ihnen zugewiesen wurden und die viel kleiner sind als das ursprüngliche Stammesgebiet. Oft wurden den Indianern die Haare abgeschnitten, weil die angeblich ein Zeichen von Wildheit waren. Die Kinder wurden in Internate gesteckt. Sie durften ihre Eltern nicht mehr sehen und mussten lernen, nach den Vorstellungen der Weißen zu leben. Seit den 1960er-Jahren protestieren zahlreiche Stämme gegen die Unterdrückung. Nach und nach erließ die amerikanische Regierung Gesetze zum Schutz der Indianer.

Heute lernen viele Ureinwohner wieder, stolz auf ihre Herkunft zu sein und ihre Kultur, ihre Riten und Zeremonien neu zu beleben. Viel traditionelles Wissen ist jedoch verloren gegangen. Die Indianer von heute versuchen, das Alte mit dem Neuen in Einklang zu bringen. Jedes Jahr treffen sich Stämme zu den **Powwows**[18] – Festen mit traditioneller Kleidung und Tanzwettbewerben. Auch einige der alten Sprachen werden wieder unterrichtet, zum Beispiel Cherokee. Die alten Weisheiten der Indianer über das Leben im Einklang mit der Natur werden zunehmend zum Vorbild: Auf der Suche nach Lösungen für die verheerenden Schäden, die die industrialisierte Gesellschaft der Umwelt zugefügt hat, entdecken Forscher und Umweltschützer auch das Wissen der Indianer neu."

„Also hat die traurige Geschichte der Indianer vielleicht doch ein hoffnungsvolles Ende?", fragt Matilda leise.

„Solange es Freunde wie euch gibt, die sich für die Kultur der Indianer interessieren, bestimmt", sagt Eugen.

„Ja, das war spannend", sagt Kokosnuss, „und wir haben unheimlich viel gelernt!"

[18] Das wird „pauwau" ausgesprochen.

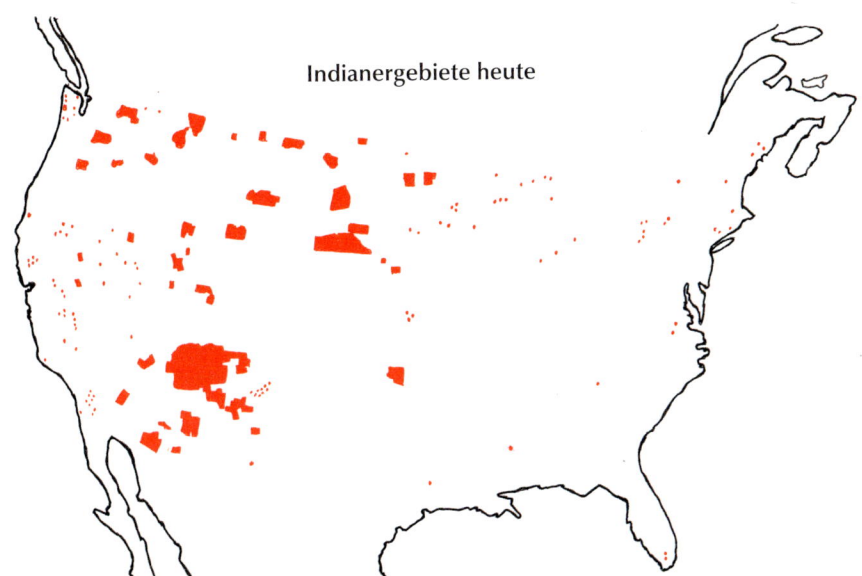

Indianergebiete heute

Noch ein Brief von Wilde Hummel

„Post für den kleinen Drachen Kokosnuss", verkündet der Postbote der Dracheninsel einige Wochen später und wedelt wieder mit einem Umschlag in der Luft herum.

„Hier bin ich!", ruft Kokosnuss und nimmt den Brief entgegen.

„Oskar, Matilda! Er ist von Wilde Hummel!"

„Lies vor!", rufen die beiden.

Kokosnuss reißt den Umschlag auf und liest:

Hau kola Kokosnuss,

deine Freunde und du habt uns sehr geholfen. Piasa frisst nur noch Kürbis-Bohnen-Eintopf – wir kommen mit dem Kochen kaum nach. Zum Glück fliegt er zum Pupsen in seine Höhle. Die Menschen haben keine Angst mehr vor ihm und jubeln ihm zu, wenn sie ihn am Himmel sehen. Das macht den Drachenvogel glücklich. Und uns auch.

Danke! Wilde Hummel

„Jippie!", jubelt Oskar. „Fall gelöst – Affe froh. Oder so …
Irgendwie habe ich jetzt auch Hunger auf einen Kürbis-Bohnen-
Eintopf."
„Oh, Mann, Oskar!", rufen Kokosnuss und Matilda. Aber sie
laufen mit ihm zur Feuerdrachenhöhle. Mal sehen, was Mama
Mette im Kochtopf hat …

Dieses Buch ist auch als E-Book erhältlich.

MIX
Papier aus verantwortungsvollen Quellen
FSC® C043106

Verlagsgruppe Random House FSC® N001967

1. Auflage 2019
© 2018 cbj Kinder- und Jugendbuchverlag in der Verlagsgruppe
Random House GmbH, Neumarkter Str. 28, 81673 München
Alle Rechte vorbehalten
„Der kleine Drache Kokosnuss" ist eine Figur von Ingo Siegner.
Texte: Anna Taube, Bad Rodach
Artwork und Design: Alfred Dieler, Darmstadt
Umschlagkonzeption: Init GmbH, Bad Oeynhausen
hf · Herstellung: AJ
Satz- und Reproduktion: Lorenz & Zeller, Inning a.A.
Druck: Grafisches Centrum Cuno GmbH & Co. KG, Calbe
ISBN 978-3-570-17276-6
Printed in Germany

www.cbj-verlag.de
www.drache-kokosnuss.de
www.youtube.com/drachekokosnuss

Alle Kokosnuss-Abenteuer auf einen Blick: